CANALES

MARAVILLAS DE LA HUMANIDAD

Jason Cooper

Versión en español de Aída E. Marcuse

Rourke Enterprises, Inc.
Vero Beach, Florida 32964

LIBRARY OF CONGRESS
Library of Congress Cataloging-in-Publication Data
Cooper, Jason, 1942-
[Canales. Español.]
   Canalas / por Jason Cooper; versión en español de Aída E. Marcuse.
   p.   cm. — (Maravillas de la Humanidad)
   Traducción de: Canals.
   Incluye un índice.
   Resumen: Analiza la historia y los usos de los canales y
proporciona varios ejemplos famosos.
   ISBN 0-86592-923-8
   1. Canales-Literatura juvenil.   [1. Canales.   2. Materiales en
idioma español.]
I. Título. II. Series: Cooper, Jason, 1942-   Maravillas de la
Humanidad.
TC745.C6618   1991
627'.13—dc20   91-21364
                               CIP
                               AC

ÍNDICE

CANALES

El agua raramente sigue el curso que le gustaría a la gente que siguiese. Así que, desde hace miles de años, se han excavado canales para dirigir el agua adonde se quiere llevarla.

Los canales sirven varios propósitos distintos: facilitan el paso a los barcos de carga o de pasajeros, sacan el agua de los lugares donde sobra o la llevan a lugares secos donde es necesaria.

Un remolcador hace entrar las barcazas en la esclusa de un canal

LOS CANALES PRIMITIVOS

Hace más de 4.000 años, los egipcios ya construían canales para llevar agua del río hacia el desierto. Así, al irrigar las tierras secas, lograban plantar y obtener buenas cosechas, lo que hubiera sido imposible sin el agua para riego.

Alrededor de 2.500 años atrás, los chinos empezaron a construir el Gran Canal . . . ¡un proyecto que tardaron 1.700 años en terminar!

Los romanos fueron los primeros en construir una red de canales. Algunos eran usados para **drenaje**—es decir, para remover el agua excesiva de algunos sitios.

El Gran Canal de China

LOS PRIMEROS CANALES EN ESTADOS UNIDOS

El primer canal para barcos de Estados Unidos se construyó en 1793, en Massachusetts. En 1825, se hizo el famoso canal Erie, que permitió que los barcos pasaran del océano Atlántico a los Grandes Lagos.

El canal Illinois y Michigan, inaugurado en 1848, tenía apenas dos metros de profundidad. Aún así, sirvió para que Chicago se transformase en una gran ciudad, al permitir pasar los barcos de carga allí dirigidos.

Caballos y mulas remolcaban los barcos en los antiguos canales, caminando al paso por un **camino de sirga,** construído paralelo al canal.

Mulas remolcando un barco en el viejo canal Miami y Erie, en Ohio

CANALES QUE TRANSPORTAN AGUA

Se excavan canales en las tierras pantanosas, para extraerles el exceso de agua. El canal, en este caso, sirve para llevar el agua de un lado a otro.

El drenaje de los terrenos pantanosos, tales como las ciénagas, generalmente es mala idea, porque éstos son importantes para los animales salvajes que allí viven y también porque son fuentes de agua dulce.

Los canales de **irrigación** llevan agua a las tierras secas, volviéndolas aptas para el cultivo. Los canales de drenaje y los de irrigación frecuentemente pertenecen a los dueños de las tierras que atraviesan.

Un canal de drenáje

El viejo canal Illinois y Michigan, en desuso desde hace 140 años

En Florida, los canales hacen que muchas propiedades que están a la orilla del agua puedan tener botes en su jardín trasero

CANALES PARA BARCOS

En Estados Unidos, los canales para barcos son planificados y manejados por el Cuerpo de Ingenieros del Ejército.

Estos canales unen varias vías de agua, facilitando el paso a barcos que vienen del mar hacia lagos que están muy lejos de él.

Los canales para barcos pueden ser una combinación de vías de agua naturales y hechas por el hombre. El sistema Atlantic Intracoastal conecta ríos, bahías y canales por cientos de millas.

El sistema de vías de agua Atlantic/Gulf Intracoastal combina canales y cursos de agua naturales

COMO FUNCIONA UN CANAL PARA BARCOS

Por los canales pasan todo tipo de barcos, incluyendo embarcaciones de paseo.

Enormes **barcazas** chatas los navegan, transportando pesadas cargas. El nivel del agua en una parte del canal puede ser superior al de otra, en esos casos, existen **esclusas** para levantar o bajar los barcos y llevarlos de uno a otro nivel.

Las esclusas son unas cajas de concreto sin las tapas, pero con compuertas a ambos extremos. Cuando un barco entra en ella, una compuerta se abre, ajustando el nivel del agua. Entonces, se levanta—o se baja—el barco hacia el próximo nivel.

Después que la compuerta se ha abierto, la barcaza entra en una esclusa

CANALES FAMOSOS

Antiguamente, los barcos que iban de Nueva York a **puertos** de California, tenían que navegar alrededor de Sud América.

Esto cambió al inaugurarse el canal de Panamá en 1914. Es un zanjón de 80 kilómetros que cruza América Central, conectando el océano Atlántico con el océano Pacífico. ¡Gracias a él, el viaje por mar desde Nueva York a San Francisco, se hizo 12.000 kilómetros más corto!

El famoso canal de Suez está en Egipto. El canal para barcos Chicago Sanitary conecta el río Mississippí con el lago Michigan. El canal marino Saint Lawrence, ha abierto los Grandes Lagos a barcos provenientes del océano Atlántico.

Un remolcador guía las barcazas por el canal para barcos Chicago Sanitary

VENECIA: LA CIUDAD DE LOS CANALES

En Venecia, una ciudad Italiana, hay muchísimos canales. La ciudad se construyó siglos atrás sobre un grupo de islitas, aprovechándose los canales naturales para instalar un sistema de transporte marítimo por medio de botes.

Actualmente, las botes a motor reemplazaron la mayoría de las góndolas, los largos botes de madera de Venecia. Pero los canales siguen siendo las "calles" de la ciudad. Y los botes aún son sus coches, camiones y taxis.

Edificios y botes alineados a lo largo de un canal en Venecia, Italia

LOS PROBLEMAS DE LOS CANALES

Los grandes canales para barcos permiten economizar tiempo y dinero, pero también suelen crear problemas.

Hay animales que utilizan los canales para pasar de una vía de agua a otra y, a veces, resultan dañinos para los que encuentran en su nuevo ambiente.

Otras veces, las márgenes se desmoronan y caen al agua. La tierra entra en el canal y lo obstruye.

En Florida se paralizó la construcción de un gran canal, ya empezado, porque hubiera costado demasiado terminarlo y por el riesgo que significaba para la región y los animales salvajes que la habitan.

GLOSARIO

barcazas — embarcaciones de fondo chato, que transportan cargas y suelen ser remolcadas por remolcadores en las vías de agua interiores

camino de sirga — sendero lateral a un canal, desde el cual los barcos eran remolcados a través de éste

drenaje — proceso por el cual se extrae el agua de un lugar que la tiene en exceso

esclusa — cámara con compuertas a ambos extremos que hacen que el agua suba o baje de nivel, permitiendo que los barcos pasen de la esclusa a otra sección del canal

irrigación — suministro de agua a una zona que la necesita, gracias al esfuerzo humano

puerto — ciudad costera donde los barcos pueden acostar sin peligro

ÍNDICE ALFABÉTICO